चांद और बादल

कश्मकश ज़िंदगी की

गोविन्द कुमार पंडित "मृदुल"

ISBN 979-888591066-8

मेरी यह पहली कृति मां-बाबूजी के चरणों में समर्पित।

क्रम-सूची

प्रस्तावना — ix

1. ज़िंदगी — 1
2. रहनुमा — 2
3. कश्मकश — 3
4. एक दिन — 4
5. अच्छा है — 5
6. हुस्न — 6
7. उम्मीद — 7
8. महरूमियत — 8
9. काश! — 9
10. खिलौना — 10
11. दीवाना — 11
12. तुम जो आते! — 12
13. उम्र ही तो है! — 13
14. उलफ़त — 14
15. फ़ैसला — 15
16. ज़माना — 16
17. इंतज़ार — 17
18. तलबगार — 18
19. तूफ़ान — 19
20. ख़्वाब — 20
21. किस्मत — 21

क्रम-सूची

22. बात	22
23. दर्द	23
24. कयास	24
25. आखिरी मुकाम	25
26. दिल्ली शहर	26
27. तेरी गलियों में	27
28. अंजाम	28
29. फरियाद	29
30. यादें	30
31. सब ख़िलाफ़ हैं!	31
32. तलाश!	32
33. मुस्कान	33
34. दिल	34
35. इश्क़ ख़ुदा है!	35
36. सब पूछते हैं!	36
37. दोस्त	37
38. निराशा	38
39. अज़ाब	39
40. आखिरी सफ़र	40
41. आंखों में एक-दूजे के	41
42. बेबसी	42
43. नसीब	43

क्रम-सूची

44. आशिक़ी — 44

45. चाँद — 45

46. ख़्वाहिशें — 46

47. मजबूर — 47

48. एहसास — 48

49. आसान कहां! — 49

50. मुफ़लिसी — 50

51. उड़ान — 51

प्रस्तावना

जिंदगी में कुछ चीजें अनायास ही हो जाती हैं और फिर वो जिंदगी का हिस्सा बन जाती हैं। मेरे जीवन में भी साहित्य लेखन की शुरुआत कुछ ऐसे ही हुई थी। शायद मैं आठवीं कक्षा में था जब मैंने पहली बार कोई तुकबंदी की थी। शुरुआत कुछ ऐसे हुई थी कि मेरे पीछे मेरे सहपाठी सुमित जी बैठते थे। एक दिन वे एक तुकबंदी वाली कविता लिखने का प्रयत्न कर रहे थे। उन्होंने लगभग पूरी कविता लिख ही ली थी बस एक जगह तुकबंदी नहीं हो रही थी। काफी प्रयत्न के बाद भी जब उन्हें कोई शब्द नहीं मिला तो उन्होंने मुझसे पूछा कि गोविन्द जी मजबूर से मिलता-जुलता कोई शब्द बता सकते हैं। मैंने कुछ क्षण सोचने के बाद उनसे कहा कि गुरूर लिख सकते हैं। मेरे एक शब्द के सुझाव से उनकी कविता पूरी हो गई।

जब हिंदी सर (संजीव झा) क्लास में आए तब सुमित जी ने अपनी तुकबंदी वाली कविता सुनाई। कविता का विषय क्या था ये तो मुझे याद नहीं, परन्तु मैं उनकी कविता से प्रभावित नहीं हुआ था। पर हिंदी सर ने उनकी ख़ूब तारीफ की। यही वह क्षण था जब पहली बार मेरे अंदर कविता लिखने का विचार आया। मुझे लगा कि ऐसी कविता तो मैं भी लिख सकता हूं। मैंने उसी क्लास में एक तुकबंदी वाली कविता लिखी भी। मैंने जब सर को अपनी कविता दिखाई तो सर ने मेरी तारीफों के पुल बांध दिए। उसके बाद कविता लिखने की कोशिश मेरे दिनचर्या का हिस्सा बन गया। मेरे इन शुरुआती दिनों में हिंदी सर का सहयोग मुझे हमेशा मिलता रहा जिसके लिए मैं उनका सदा आभारी रहूंगा। मैं अपने नवोदय विद्यालय का भी आभारी रहूंगा जिसने मुझे

भिन्न-भिन्न मंचों के माध्यम से अपने इस कला को सहेजने और निखारने का अवसर प्रदान किया।

विद्यालय में मेरी लेखनी को जिन अभिभावक स्वरूप शिक्षकों ने सराहा उनमें स्वर्गीय पूनम सिन्हा मैम, स्वर्गीय बायो सर, पी के ठाकुर सर, पी टी सर (एल सिंह), साइंस सर (बी पी तिवारी) लाइब्रेरी सर (ए के मिश्रा), शशांक शेखर सर के प्रोत्साहन भरे शब्द मुझे हमेशा आगे बढ़ने के लिए प्रेरित करते रहेंगे। आज मेरे सभी शिक्षक मुझसे भले ही दूर हैं पर उनके चरणों में मेरा नमन है।

मेरे दोस्त मेरे इस सफर में सबसे करीब रहे हैं। उन लोगों के बिना तो यह संभव ही नहीं था। मेरे दोस्तों खासकर मिट्टू, आफताब, देवाशीष, अमोद, चंदन, संतोष, ओमप्रकाश, मुनव्वर, गगन आदि की हौसला-अफ़ज़ाई ही थी कि मैं इस सफ़र में चलता ही चला गया। मेरे इस सफर में एक खास दोस्त भी थे जिनका मैं जिक्र ना करूं तो बेमानी होगा। मेरे पास शब्द तो था परंतु भावनाओं के लिए मैंने उनका सहारा लिया। आज मैं इस मोड़ पर अपने सभी दोस्तों, सहपाठियों तथा समस्त नवोदय परिवार को धन्यवाद देना चाहूंगा जिन्होंने कभी मेरी कविता के लिए तालियां बजाई हैं।

मैं अपने सहकर्मियों का भी खासकर दीपक, धीरेन्द्र, रजनीश, सुदर्शन, रवि, निशांत, प्रकाश, राहुल आदि का धन्यवाद करना चाहूंगा जिन्होंने मेरी रचनाओं के लिए मुझसे प्रशंसा के शब्द कहे तथा हमेशा मेरी नई कृति को लेकर उत्सुक रहते हैं।

आखिर में मैं अपने दोनों भैया (अरविंद भैया और अभिषेक भैया) का धन्यवाद करना चाहूंगा जिन्होंने मुझे हमेशा संबल प्रदान किया है।

1. ज़िंदगी

कभी यादों में गुज़र जाती है।
कभी बातों में गुज़र जाती है।

इक नज़र को तरस जाते हैं कभी,
कभी मुलाकातों में गुज़र जाती है।

कभी मांगने से भी मिलता नहीं,
कभी सौगातों में गुज़र जाती है।

कभी धूप में, कभी छांव में,
कभी चांदनी रातों में गुज़र जाती है।

ये ज़िंदगी है जनाब!
जज़्बातों में गुज़र जाती है।

2. रहनुमा

कभी तेरी नज़रों में जहां ढूंढता हूं।
कभी चाँद में आसमां ढूंढता हूं।

कभी गुज़री थी मेरी गलियों से तुम,
आज भी तेरे कदमों के निशां ढूंढता हूं।

ज़िन्दगी में ऐसा भी मोड़ आया है,
बीच दरिया के शमा ढूंढता हूं।

ख़्वाबों का सिलसिला जो चल पड़ा है,
झोपड़ियों के अंदर मकां ढूंढता हूं।

ज़िन्दगी का आलम है ये अब "मृदुल",
मक़बरों में रहनुमा ढूंढता हूं।

3. कश्मकश

उजाला भी मैं हूं, मैं ही अंधकार होता हूं।
खाई भी मैं हूं, मैं ही पहाड़ होता हूं।

ज़िंदगी अब उलझती जाती है,
बेवफ़ा भी मैं हूं, मैं ही वफ़ादार होता हूं।

मेरे आंसुओं पर लोग भरमा ही जाएं तो क्या,
हक़ीक़त भी मैं हूं, मैं ही क़िरदार होता हूं।

किस ओर ले जाएगी ये ज़िंदगी मुझे,
दरिया भी मैं हूं, मैं ही पतवार होता हूं।

4. एक दिन

एक दिन ये बादल पिघल भी जाएगा।
एक दिन ये सावन मचल भी जाएगा।

ये सर्द हवा का झोंका भी थम जाएगा,
एक दिन ये मौसम बदल भी जाएगा।

लड़खड़ाते पांवों से भी जो चल पड़ा सफ़र में,
एक दिन ये मुसाफ़िर संभल भी जाएगा।

ये जो तपिश है तेरे मेरे बीच में,
एक दिन ये सूरज ढल भी जाएगा।

ये मायूसियों का दौर भी खत्म हो जाएगा,
एक दिन ये दिल बहल भी जाएगा।

5. अच्छा है

कुछ बात बिगड़ ही जाए तो अच्छा है!
कुछ ख़्वाब बिखर ही जाएं तो अच्छा है!

यूं ज़िंदगियां तबाह तो ना होंगी,
फ़लक से चाँद उतर ही जाए तो अच्छा है!

कब तक भागते रहेंगे यूं ज़िन्दगी से,
अब ये ज़मीं ठहर ही जाए तो अच्छा है!

बहुत दिन हुए बरसे इन अंखियों को,
अब ये दिल बिफर ही जाएं तो अच्छा है!

6. हुस्न

हुस्न-ए-समां को और क्या चाहिए!
मोहब्बत को बस दो अदा चाहिए।

हमें ऐतबार है उनके हर नुमाइश पर,
हुस्न-ए-जहां को सिर्फ वफ़ा चाहिए।

रूह भी जल उठता है हुस्न की तपन से,
जीने को बस दो दुआ चाहिए।

दिल में प्यार लिए फिर रहा है "मृदुल",
इबादत को बस एक ख़ुदा चाहिए।

7. उम्मीद

फ़लक पे चाँद सा उभर भी जाएंगे।
सावन में ज़मीं सा संवर भी जाएंगे।

मुसाफ़िर हैं किसी की यादों के,
कभी गलियों में उनके ठहर भी जाएंगे।

कभी बादलों सा चाहेंगे तुम्हें,
कभी आंखों में काजल सा निखर भी जाएंगे।

वक़्त ने जो ज़ख़्म दिया है,
वक़्त के साथ, उनसे उबर भी जाएंगे।

8. महरूमियत

अपनी मोहब्बत का कर क्या अदा करें।
छोड़ दें ये जहां या ज़िंदगी की दुआ करें।

चाहने वाले हैं उनके कई,
पर वो किस-किस से वफ़ा करें।

महरूमियत के दौर में भी चाहता है दिल,
इज़हार-ए-इश्क़ इक दफा करें।

जब साया भी साथ छोड़ दे अपना,
तो किसी से क्या शिकवा, क्या गिला करें।

9. काश!

तुझे भूलना कुछ आसान हो पाता।
तेरे बाद कोई और दिल का मेहमान हो पाता।

खुशी से मिट जाता तेरे दीदार के बाद,
काश! इक तेरा यह एहसान हो पाता।

तुम तो अपना गम हमें देने से रहे,
काश! तेरे होठों की मुस्कान हो पाता।

तेरे हाथों में रख देता दिल निकाल कर अपना,
काश! तेरे दिल में मेरे प्यार का अरमान हो पाता।

हम खरीद लाते दर्द-ए-दिल की दवा,
काश! जहां में ऐसा कोई दुकान हो पाता।

10. खिलौना

बिकते नहीं खिलौने अब दुकानों में।
खेलने लगे हैं लोग, मोहब्बत के मैदानों में।

इश्क़, वफ़ा के मतलब बदल गए हैं,
मोहब्बत कैद है, अब अफसानों में।

अब मयखानों की ज़रूरत ही क्या,
मिलने लगे हैं जाम, नज़रों के पैमानों में।

कभी वक़्त मिले तो यह भी देखूं,
क्या खोया, क्या पाया, ज़िंदगी के इम्तिहानों में।

11. दीवाना

सिर्फ तेरे हुस्न का मैं दीवाना नहीं।
जो मिट जाए, मैं वो फ़साना नहीं।

बेकरार कर दूं तेरे दिल को भी,
मेरा मक़सद यूं ही गुनगुनाना नहीं।

दिल का हाल दिल को मिल जाए बस,
और ज़्यादा कुछ सुनाना नहीं।

मेरी फितरत है दर्दों को बयां करना,
मेरी हसरत नज़्में बनाना नहीं।

12. तुम जो आते!

तुम जो आते तो कुछ बात होती..!
शाम सुनहरी, जगमगाती रात होती..!

फ़लक से तोड़ लाते चाँद-सितारे,
जुगनूओं से भी मुलाक़ात होती..!

मुस्कुरा देते जो शरमा के तुम,
इससे बेहतर क्या सौग़ात होती..!

राज़ दिलों के खोलते जो हम और तुम,
हंसते-हंसते आंसुओं की बरसात होती..!

फ़लक पे ढूंढते एक-दूजे को हम,
बिन बात भी कितनी बात होती..!

13. उम्र ही तो है!

उम्र ही तो है, गुज़र जाएगी।
बरसेगा बादल, ज़मीं संवर जाएगी।

अब हमसे मायूस हुआ नहीं जाता,
कभी तो रोशनी मेरे घर आएगी।

अब ख़ुद को रोकना क्या सफ़र में!
कभी तो मंज़िल नज़र आएगी।

क्या हुआ जो बदली ना सूरत शहर की,
दुआ लोगों की, कुछ तो असर लाएगी।

छूट गया पतवार तो क्या हुआ!
देखता हूं ये नदी किधर जाएगी।

14. उलफ़त

चाँद को बादलों की ज़रूरत ही क्या..!
सितारों को ज़मीं से हसरत ही क्या..!

जो मिटा ना दे ख़ुद का वजूद,
ऐसी उलफ़त फिर उलफ़त ही क्या..!

खाई ना ठोकरें जो दर-दर की,
ऐसी ग़ुर्बत फिर ग़ुर्बत ही क्या..!

ख़ुद को तबाह ना कर ले, जब तक कोई,
ऐसी नफ़रत फिर नफ़रत ही क्या..!

नामुराद को जो मुराद ना बना दे,
ऐसी क़ुदरत फिर क़ुदरत ही क्या..!

15. फ़ैसला

पार बादलों के, चाँद निकला तो होगा,
थोड़ा ही सही, मौसम बदला तो होगा..!

बेहतर है वो जो घर से निकल लिया,
गिरकर ही सही, संभला तो होगा..!

नज़रें मिलाकर अच्छा ही किया हमने,
कुछ पल ही सही, दिल दहला तो होगा..!

देखकर हमें निगाहें तो फेर ली उसने,
पर मिलने को मन मचला तो होगा..!

हमने भी अर्ज़ी दे दी है जज साहब को,
देर ही सही, मगर फ़ैसला तो होगा..!

16. ज़माना

चाँद-सितारे, बादल-ज़मीं, सब ठहरा-ठहरा सा है।
घाव अभी भरा नहीं है, ज़ख्म गहरा-गहरा सा है।

दिल तो रो लेता है, आंख भी बरस जाती है,
पर ज़ुबां खुलती नहीं, ज़ुबां पे पहरा-पहरा सा है।

ख़्वाहिशें बहुत हैं, चाहतें बहुत हैं ज़िंदगी से,
पर ये वक़्त बदलता नहीं, वक़्त ठहरा-ठहरा सा है।

सांसें टूट भी जाएं तो क्या, आवाज़ें उखड़ भी जाएं तो
क्या!
अंधा है ये ज़माना, ज़माना ये बहरा-बहरा सा है।

17. इंतज़ार

आज भी दिन गुज़र गया, रात भी गुज़र गई।
ख़्वाब सब टूट गए, यादें भी बिखर गईं।

आंख भी खुली रही, पलक भी गिरी नहीं,
ढूंढता रहा तुझे जहां तलक नज़र गई।

चाँद भी चटख गया, चांदनी सिमट गई।
बादल चलता रहा मगर, ज़मीं कहीं ठहर गई।

प्यार तो बहुत किया, मिन्नतें भी की बहुत।
चाह तो, थी बहुत मगर, बात आखिर बिगड़ गई।

फफक पड़े होंठ भी, दिल भी कलप गया,
ख़ुद को ज़ब्त किया बहुत, पर आंख मेरी भर गई।

18. तलबगार

तेरा तलबगार भी मैं हूं, तेरा गुनहगार भी मैं हूं।
जो दुनिया देख नहीं पाती, तेरा दिलदार भी मैं हूं।

ये तेरे नखरे, तेरी अदाएं, सब मालूम है मुझे,
तू दूरियां भी चाहती है मुझसे, तेरा इंतज़ार भी मैं हूं।

ये चाहत, ये उलफ़त, छुपाते नहीं छुपती,
तेरी बेकरारी हूं मैं, तेरा करार भी मैं हूं।

यह ज़िंदगी है, डगमगाती नाव के जैसे,
तेरा दरिया हूं मैं, तेरा पतवार भी मैं हूं।

ये शायरी, ये ग़ज़लें, ये किस्से, सबमें है तू,
उछाली है हमने कई बातें तेरी, पर तेरा राज़दार भी मैं हूं।

19. तूफ़ान

ज़ुबां नहीं, मेरी नज़रों से जान पाओगे।
इन चलती हुई धड़कनों को बेजान पाओगे।

यूं तो तकल्लुफ़ है सबसे मेरा यहां,
बस हमको ही हमसे अनजान पाओगे।

बड़ी होशियारी से, समझदारी से करता हूं काम सभी,
पर इश्क़ के मामलात बहुत नादान पाओगे।

यूं तो झेलें हैं आंधी कई बिना शिकन के,
पर हल्के हवा के झोंको पर परेशान पाओगे।

ये गंभीरता, ये शालीनता, बस दिखने को है,
दिल के अंदर कई तूफान पाओगे।

20. ख़्वाब

यूं ही मोम सा पिघलते रहे हैं हम,
सावन में मौसम सा बदलते रहे हैं हम।

जो निकले हैं सफ़र में तो मंज़िल भी मिलेगी,
कुछ ख़्वाब लिए दिल में बहलते रहे हैं हम।

ना जाने कब छूट जाएगा हाथ उनके हाथ से,
यही सोच-सोच कर दहलते रहे हैं हम।

ख़्वाब है या हक़ीक़त कोई,
यादों में किसी के संभलते रहे हैं हम।

21. किस्मत

किस्मत का जो कभी फूटा बुलबुला है।
बंजर में भी कहीं न कहीं फूल खिला है।

न जाने कब रुके हैं मेरे क़दम यहां,
बड़ी मुद्दत से हमें आशियाँ मिला है।

मिलते नहीं मुझे आदमीयत के निशां यहां,
पर सुना है, यहां इंसानों का क़ाफ़िला है।

हर शाम शमा जलाती है परवाने को यहां,
पर रुकता नहीं मुहब्बत का सिलसिला है।

जो कभी मिलता है ख़ुद ख़ुदी से,
तो पूछता है ज़िंदगी से क्या शिकवा, क्या गिला है।

22. बात

बात ना घर में हुई थी, ना शहर में हुई थी।
ज़ुबां कैद थी, बात नज़र-ए-नज़र में हुई थी।

जब सो रहा था जहां सारा,
बात उस सुनसान पहर में हुई थी।

किलकारियों की आवाज़ गुम थी कहीं,
बात दर्द-ए-जिगर से हुई थी।

आंखों में समाने लगे थे एक-दूजे के हम,
बात न जाने इधर-उधर, किधर-किधर की हुई थी।

23. दर्द

चूल्हे जल गए आज भी घर के हमारे।
चलो आज भी कश्ती लग गई किनारे।

हमें कल के बारे में सोचने की फुर्सत कहां,
अभी सोच रहे हैं, कैसे यह रात गुजारें।

दर्द ही सगा है इस जहां में अपना।
वरना जीता यहां, किसके सहारे।

अपने भी पराए लगते हैं इस शहर में अब तो,
फिर आप ही कहिए, किसके आगे हाथ पसारें।

अपने घर भी रोशनी आएगी कभी ना कभी,
पर बढ़ती ही जा रही हैं गढ़-मढ़ की दीवारें।

24. कयास

तुम्हारे आने का कयास ताउम्र हम लगाते रहे।
तुम्हारे इंतज़ार में ख़्वाबों का घर हम सजाते रहे।

हर दिन को इंतज़ार का आखिरी दिन समझकर,
आंगन हम अपने फूलों को बिछाते रहे।

तुम्हारे फूल बिखेरते मुस्कुराहट को याद कर,
पल-पल हरपल खुद में हम मुस्कुराते रहे।

हम अपनी किस्मत की बात क्या करें,
कभी लोग, कभी खुद ही खुद को आज़माते रहे।

25. आखिरी मुकाम

चुभती है नज़रें, अब गुमनाम होना चाहता हूं।
अपनी ही ख़ताओं का अंजाम होना चाहता हूं।

ताउम्र गुज़ारी शराफ़त की ज़िंदगी मैंने,
इसी शहर में इक दफा बदनाम होना चाहता हूं।

ये गांव की चहल-पहल, शहरों का हलचल, भाता नहीं,
बसावटों से दूर इक तन्हा शाम होना चाहता हूं।

यूं गिरकर उठना, उठकर गिरना, थक-सा गया हूं,
लौट ना पाऊं जहां से वो आखिरी मुकाम होना चाहता हूं।

26. दिल्ली शहर

ना घर में हूं, ना सफ़र में हूं।
दूर कहीं किसी फिकर में हूं।

हमें ख़ुद का पता नहीं,
पर लोगों की नज़र में हूं।

गिर कर भी संभल जाता हूं,
शायद, दुआओं के असर में हूं।

कुछ पल जो बिताए हैं साथ हमने,
बस यादों के भंवर में हूं..!

यहां कौन पूछता है किसकी!
दोस्तों! दिल्ली शहर में हूं।

27. तेरी गलियों में

तेरी गलियों में ठहरना बाकी है।
तेरी आंखों में निखरना बाकी है।

यूं तेरी यादों में डूबा हुआ हूं,
अब हद से गुज़रना बाकी है।

यूं तो फ़लक पर चाँद उभर आया है,
पर ज़मीं का अभी संवरना बाकी है।

टूटा हुआ है "मृदुल" इक अरसे से,
बादलों सा बिखरना बाकी है।

28. अंजाम

ज़रा ठहरो यारों, अभी शाम बाकी है।
मयखाने में अभी नज़रों का जाम बाकी है।

यूं बावरे से क्यूं होते हो,
अभी महफ़िल में हुस्न-ए-तमाम बाकी है।

चेहरे की रंगत देख ये हाल है तेरा,
अभी क़ातिलाना मुस्कान बाकी है।

शमा की उल्फ़त में यूं जश्न ना मना "मृदुल",
अभी मोहब्बत का अंजाम बाकी है।

29. फरियाद

लिखता हूं ग़ज़ल अब तेरी यादों में।
मांगता हूं तुझे अपनी फरियादों में।

चाहती हो तुम भी मुझे मेरी तरह,
देखता है मृदुल हर रात यही ख़्वाबों में।

मेरे इश्क़ की तपन महसूस तो कर,
उलझी रहोगी कब तक किताबों में।

अरसा हुआ देखे मुस्कान तेरी,
चेहरा छुपाओगी कब तक नकाबों में।

तेरे जाने का ज़ख्म है कि डगमगा जाता हूं कभी,
वरना इतना असर कहां बोतल बंद शराबों में।

30. यादें

उम्र बीत गई इस शहर को बसाने में।
पल भर भी ना लगा ज़ालिम को इसे मिटाने में।

दर-बदर खोजता रहा मैं तुझे इस जहां में,
और तू छिपा था मेरे अपने ही तहखाने में।

चलो जब बर्बाद हो गई है अपनी बस्ती,
तो वक़्त गुज़रताहै तेरे यादों का महल बनाने में।

तेरी यादों का ही सहारा तो है अपनी ज़िंदगी को,
वरना कौन है अपना इस ज़माने में।

31. सब ख़िलाफ़ हैं!

सब ख़िलाफ़ हैं मेरे, इस दिल के सिवा।
कौन है दरिया का, साहिल के सिवा।

न जाने ये ज़िंदगी कहां ले जाएगी,
मिली हैं राहें बहुत, मंजिल के सिवा।

तेरी यादों का मुसाफ़िर हूं इक अरसे से,
मालूम है सबको, तेरी महफ़िल के सिवा।

कहां कमी जहां में हुस्न वालों की,
हर अक्स मिला तेरा, होंठों पे तिल के सिवा।

32. तलाश!

तुमसे मिल कर मेरी तलाश मुक्कमल हुई।
मुद्दतों बाद पूरी एक नायाब ग़ज़ल हुई।

सूखने लगी थी इन आंखों की नमीं,
तुमसे मिलकर ये आंखें अब सजल हुईं।

ज़ुबां तो कभी खुल ना सकी,
बस नज़र ही नज़र में पहल हुई।

यूं तो जी रहा था मैं पहले भी,
अब जा के ये ज़िंदगी सफल हुई।

33. मुस्कान

दो जिस्म, एक जान हैं हम।
एक अनकही सी दास्तान हैं हम।

अब हममें, तुममें फर्क कैसा,
एक-दूजे की पहचान हैं हम।

दबे पांव भी गुजरते हैं कभी,
कभी आंधी, कभी तूफ़ान हैं हम।

जानता है सारा शहर हमें,
बस शहरों से अनजान हैं हम।

कभी आना मेरी गलियों में,
हर चेहरे की मुस्कान हैं हम।

34. दिल

ना ज़मीं हमारी हुई, ना आसमां हमारा हुआ।
ना चांद फ़लक पे आया, ना बादल आवारा हुआ।

किसी ख़्वाब में जीता रहा "मृदुल",
ना तन्हा रहा, ना सहारा हुआ।

बहुत शिद्दत की हमने फिर से जीने की,
पर इश्क़ ना हमें दुबारा हुआ।

ना तुम मिले, ना हम मिले,
तो क्या दरिया हुआ, क्या किनारा हुआ!

अब इस दिल का हम क्या करें,
ना मेरा हुआ, ना तुम्हारा हुआ।

35. इश्क़ ख़ुदा है!

वक़्त की कहानियां तो देखिए।
इश्क़ की निशानियां तो देखिए।

मिल जायेंगे चाँद और ज़मीं एक दिन,
'मृदुल' की नादानियां तो देखिए।

हमने सोचा कि सब अच्छा होगा,
इस दिल की बेमानियां तो देखिए।

पल दो पल का है सफ़र,
इसकी परेशानियां तो देखिए।

हमने जाना था इश्क़ ख़ुदा है,
महफ़िल में मेरी बदनामियां तो देखिए।

36. सब पूछते हैं!

सब पूछते हैं कि तुम कभी संवरते क्यूं नहीं..!
आंखों में काजल सा निखरते क्यूं नहीं..!

यूं तो गुजरते हो गलियों से मेरे,
पर कभी ठहरते क्यूं नहीं..!

ये तो माना कि चलते हो साथ मेरे,
पर कभी हाथ पकड़ते क्यूं नहीं..!

अंधेरी रातों में आते हो जुगनू की तरह,
पर कभी फ़लक पर उभरते क्यूं नहीं..!

टूटा हुआ दिल लेके चल रहे हो 'मृदुल',
तुम कभी बिखरते क्यूं नहीं..!

37. दोस्त

जो गिरा कभी सफ़र में, तो सहारा भी मिला है।
उतरा जो दरिया में, तो किनारा भी मिला है।

यूं तो सहमते रहे ताउम्र किसी ख़ौफ़ में,
पर जो डट गया, तो रंगीन नज़ारा भी मिला है।

ये तो माना कि दीदार-ए-चाँद में, गुज़री हैं रातें कई,
पर जो देखता है हमें एकटक-सा, फ़लक पे वो सितारा भी
मिला है।

लोग सुनकर भी अनसुना कर देते हैं, बातों को यहां,
पर धड़कनों की आवाज़ जो सुनले, दोस्त कोई ऐसा प्यारा
भी मिला है।

38. निराशा

मर कर अगर ज़िंदगी मिल भी जाए तो क्या!
अब इस चमन में दो फूल खिल भी जाएं तो क्या!

चूर-चूर हो गए ठोकरें मारते ताउम्र जिसे,
अब पत्थर पिघल भी जाए तो क्या!

जब दरकार थी तो एक जुगनू भी ना मिला,
अब सूरज निकल भी जाए तो क्या!

बहुत दूर निकल गए हैं राहों में लोग,
अब मौसम बदल भी जाए तो क्या!

39. अज़ाब

मैं भी बेनकाब हुआ हूं..!
इक अधुरा ख़्वाब हुआ हूं..!

ज़िंदगी के मुश्किल सवालों का,
बस खाली जवाब हुआ हूं।

दो पैसे कमाने को इस शहर में,
खर्च बेहिसाब हुआ हूं।

दो आंसू भी पोछ ना पाया किसी के,
ख़ुद ही ख़ुद का अज़ाब हुआ हूं।

40. आखिरी सफ़र

कि अब वो शाख़ कहां है, वो शज़र कहां है..!
चले थे जिसमें हम और तुम, वो आखिरी सफ़र कहां है..!

वो मासूम चेहरा तो है मगर,
डूबता था जिसमें, वो शोख़ नज़र कहां है..!

बस कोलाहल है, और आपाधापी है,
बसाया था जो हमने, वो ख़्वाबों का शहर कहां है..!

चाँद भी है, बादल भी है,
पर मिलते थे जिसमें दोनों, वो हसीं पहर कहां है..!

41. आंखों में एक-दूजे के

कभी आंखों में एक-दूजे के संवर जाएंगे हम।
कभी सितारों-सा, फ़लक पे उभर जाएंगे हम।

थाम लेंगे हाथ एक-दूजे का कभी,
कभी यादों की गलियों से गुज़र जाएंगे हम।

साथ दरिया के भी बह लेंगे कभी,
कभी ख़िलाफ़ हवा के नज़र आएंगे हम।

चल पड़ेंगे बादलों सा मस्त कभी,
कभी ज़मीं सा ठहर जाएंगे हम।

मिलकर भी मिल ना पाएंगे कभी,
कभी यूं ही बाहों में भर जाएंगे हम।

42. बेबसी

दिल के छाले उभर आते हैं..!
घर से लौट कर जब शहर आते हैं..!

यूं तो रुकते नहीं कदम मेरे,
पर उनकी गलियों में ठहर जाते हैं।

कितनी उम्मीदें लेकर बैठा हूं राहों में उनके,
और वो हैं कि बस गुज़र जाते हैं!

अहले सुबह जोड़ता हूं हर कण हौसले की,
पर शाम तक वे बिखर जाते हैं!

बेबसी का आलम ना पूछो हमसे,
नम आंखों से हंसते हुए नज़र आते हैं!

43. नसीब

जहां में किसी से अब कोई उम्मीद ही क्या..!
मिले जो दूर से तो फिर तुम्हारी दीद ही क्या..!

मिला के भी जो हमे मिला ना पाए,
ऐसी तरक़ीब फिर तरक़ीब ही क्या..!

यूं मुड़कर जो देखते हो बाद एक सफ़र के,
ऐसी तजवीज़ फिर तजवीज़ ही क्या..!

तुझे पाकर भी होश ना गंवाया वो,
मेरा रक़ीब फिर रक़ीब ही क्या..!

मायूस से मिले बाद एक मुद्दत के,
ऐसा नसीब फिर नसीब ही क्या..!

44. आशिक़ी

तेरी हंसी भी तो अब हसीं नहीं।
तेरे आने की भी तो अब खुशी नहीं।

इश्क़ तो है, पर तड़प नहीं,
ये आशिक़ी भी तो अब आशिक़ी नहीं।

बस तेरी नज़रों में है शराफ़त मेरी,
ये सादगी भी तो अब सादगी नहीं।

ख़ुदा के दर भी जाता हूं अपने हिसाब से,
ये बंदगी भी तो अब बंदगी नहीं।

अब क्या- क्या बताऊं मैं तुझे,
कि ये ज़िंदगी भी तो अब ज़िंदगी नहीं।

45. चाँद

कभी आंखों में चाँद उतर आता है!
कभी चाँद में कोई नज़र आता है..!

शिद्दत से चाहते हैं कभी उनको,
पर संग उनके कोई और संवर जाता है..!

ये वक्त की अठखेलियां हैं साहब!
हसरतें टूटती हैं, दर्द उभर आता है..!

साथ सड़कों के चलता रहा हूं मैं,
छूटता है गांव तो शहर आता है।

दिल दहलता है, ज़ुबां खुलती नहीं,
ज़िंदगी में ऐसा भी मंज़र आता है..!

46. ख़्वाहिशें

कुछ ख़्वाहिशें, कुछ इंतज़ार तो हों।
इस भीड़ भरे शहर में कोई प्यार तो हो।

हम खेप लेंगे ज़िन्दगी किसी तरह,
नौका में कोई पतवार तो हो।

इन आंखों की नमी भी कुछ कहती है,
लोग इतने तजुर्बेदार तो हो।

छुपे हैं राज़ इस दिल में कई,
सुनने को कोई बेक़रार तो हो।

वक़्त ही तो है, बदल जाएगा!
वक़्त पे इतना एतबार तो हो।

47. मजबूर

वक़्त से कभी कोई कितना मजबूर होता है..!
चुभती है गुमनामी उसे, जो कभी मशहूर होता है..!

सितारे दूर होकर भी कितने पास होते हैं,
और कोई पास होकर भी कितना दूर होता है..!

बात कोई छोटी-बड़ी नहीं होती,
घाव भी कभी नासूर होता है..!

ये आंखें भर आती हैं,
ख़्वाब कोई जब चकनाचूर होता है..!

किस्मत है अपनी या वक़्त की साज़िश,
जिसको भी चाहूं वही मगरूर होता है..!

48. एहसास

कुछ एहसास अभी बाकी है..!
कुछ सांस अभी बाकी है..!

यूं उलझ पड़ा हूं राहों में,
पर मंज़िल की आस अभी बाकी है..!

यूं गिरना-उठना, उठकर गिरना,
पर चलने का विश्वास अभी बाकी है..!

घिरी पड़ी है जल से फिर भी,
धरती की प्यास अभी बाकी है..!

अभी तो बस धरा दिखी है,
उड़ने को आकाश अभी बाकी है..!

49. आसान कहां!

आसान कहां है मुनव्वर हो जाना..!
घनी शाम से सहर हो जाना।

कमी कहां हसीं वादियों और नज़ारो की,
पर मुश्किल है कोई शोख़ नज़र हो जाना..!

मिल जाएंगे कई मकां इस शहर में,
आसान कहां मकां का घर हो जाना..!

चाँदऔर बादल चलते हैं साथ मगर,
मुश्किल है कितना हमसफ़र हो जाना..!

यूं मोहब्बत को बदनाम ना कर "मृदुल"
इश्क़ तो है दुआओं का असर हो जाना..!

50. मुफ़लिसी

कभी खुशियों के बहार भी हुए हैं।
यूं ही कभी बेक़रार भी हुए हैं।

उम्र के पैमाने में तजुर्बा ना देख,
इक पल में कई किरदार भी हुए हैं।

जश्न के साथी रहें हैं मगर,
बीच मझधारों के, पतवार भी हुए हैं।

तारों सा टिमटिमाते रहे हैं हम,
कई दफा चाँद के दीदार भी हुए हैं।

यूं मुफ़लिसी की नज़रों से ना देखो हमें,
कभी अपने दिल की सरकार भी हुए हैं।

51. उड़ान

पंख खुले हैं, तो उड़ान भी होगा।
दूर कहीं, अपना जहान भी होगा।

हौसला और हिम्मत भी चाहिए सफ़र में,
दरिया बीच कहीं उफ़ान भी होगा..!

किताबों के बाहर भी है एक दुनिया,
कई दफा ज़िंदगी का इम्तिहान भी होगा।

ख़्वाब देखे हैं जो मिलकर हमने,
हक़ीक़त में ऐसा कोई दास्तान भी होगा।

चलते रहें यूं ही ख़ामोश सदा,
वक्त आने पर, अपना नाम भी होगा।